MINISTÈRE DES FINANCES.

DIRECTION GÉNÉRALE
DE L'ENREGISTREMENT, DES DOMAINES ET DU TIMBRE.

DIRECTION DES DOMAINES DE LA SEINE.

DIAMANTS, PERLES ET PIERRERIES

PROVENANT

DE LA COLLECTION

DITE

DES JOYAUX DE LA COURONNE.

PARIS.
IMPRIMERIE NATIONALE.

M DCCC LXXXVII.

CE CATALOGUE SE TROUVE

EN FRANCE :

PARIS

1° À la Direction des Domaines de la Seine, rue de la Banque, n° 9 ;
2° Chez M. Escribe, commissaire-priseur, rue de Hanovre, n° 6 ;
3° Chez M. Émile Vanderheym, expert près la Cour d'appel, rue Taitbout, n° 54 ;
4° Chez M. Arthur Bloche, expert, rue Chauchat, n° 23 ;
5° Et à l'Imprimerie nationale, rue Vieille-du-Temple, n° 87.

À L'ÉTRANGER :

Angleterre	Pitman, Leverson & Cie, Queen Victoria Street, 1, E.C.	Londres.
Indes Anglaises		Calcutta.
Autriche-Hongrie	Émile Biedermann	Vienne.
Belgique	Auguste Dufour, Marché-aux-Herbes, 30	Bruxelles.
Espagne	Mellerio hermanos, carrera San Geronimo, 3	Madrid.
	Vve Masriéra & hijos, calle Fernando VII, n° 35	Barcelone.
	M. Tegero & Cie	Malaga.
Allemagne	Emden & Hess	Baden-Baden.
Amérique	Tiffany & Cie, Union square	New-York.
Italie	Carlo Bigatti	Milan. Florence.
Hollande	Gebroeders Boas, Keizersgracht bij Amstel, W. 16	Amsterdam.
Portugal	Leitão & irmão	Lisbonne. Porto.
Russie	C. E. Bolin	St-Petersbourg.
	Shanks & Bolin	Moscou.
Danemark	Michelsen	Copenhague.
Suède et Norvège	Joseph Levy	Stockholm.
Suisse	Rossel fils	Genève.
Turquie	Tenat Bey	Constantinople.
Chili	Richard Wedeles	Valparaiso.
Égypte	E. Maggias & C	Le Caire.
Havane	Kopp y Tillman	Havane.
Mexique	A. Yoacacio de la Torre	Mexico.
Équateur	Enrique Rugarbo	Quito.
Tunisie	Georges Weisman	Tunis.
Perse	Martinot, Tolvanian	Teheran.

MINISTÈRE DES FINANCES.

DIRECTION GÉNÉRALE
DE L'ENREGISTREMENT, DES DOMAINES ET DU TIMBRE.

DIRECTION DES DOMAINES DE LA SEINE.

DIAMANTS,
PERLES ET PIERRERIES
PROVENANT
DE LA COLLECTION
DITE
DES JOYAUX DE LA COURONNE.

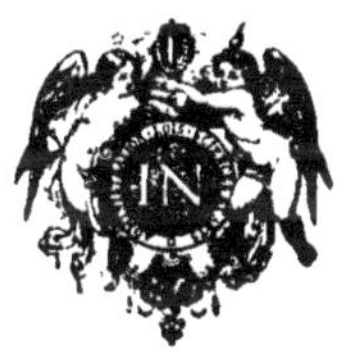

PARIS.
IMPRIMERIE NATIONALE.

M DCCC LXXXVII.

RÉPUBLIQUE FRANÇAISE.

LOI RELATIVE À L'ALIÉNATION D'UNE PARTIE DES JOYAUX DITS DE LA COURONNE.

(Promulguée au *Journal officiel* du 11 janvier 1887.)

Le Sénat et la Chambre des Députés ont adopté,

Le Président de la République promulgue la loi dont la teneur suit :

Article premier. Les diamants, pierreries et joyaux faisant partie de la collection dite des Diamants de la Couronne, et qui ne figurent pas sur les états A, B, C, annexés à la présente loi, seront vendus aux enchères publiques.

Le produit net de cette vente sera converti en rentes sur l'État. Les titres de rente seront déposés à la Caisse des Dépôts et Consignations.

Art. 2. Une loi spéciale statuera sur l'affectation de ces rentes et de leurs arrérages.

La présente loi, délibérée et adoptée par le Sénat et par la Chambre des Députés, sera exécutée comme loi de l'État.

Paris, le 10 décembre 1886.

Signé : JULES GRÉVY.

Par le Président de la République :

Le Ministre des Finances,

Signé : SADI CARNOT.

DIAMANTS,

PERLES ET PIERRERIES

PROVENANT

DE LA COLLECTION

DITE

DES JOYAUX DE LA COURONNE,

DONT LA VENTE AURA LIEU

AU PALAIS DES TUILERIES,

PAVILLON DE FLORE (SALLE DES ÉTATS),

LE JEUDI 12 MAI 1887 ET LES JOURS SUIVANTS, À 2 HEURES,

EN VERTU DE LA LOI DU 10 DÉCEMBRE 1886,

PAR LES SOINS

DE M. LE DIRECTEUR DES DOMAINES DE LA SEINE

OU DE SON DÉLÉGUÉ,

ASSISTÉ DE

MM. **ESCRIBE**, commissaire-priseur, rue de Hanovre, n° 6,

Émile VANDERHEYM, expert près la Cour d'appel, rue Taitbout, n° 54,

Arthur BLOCHE, expert, rue Chauchat, n° 23.

EXPOSITION PUBLIQUE,

LES MARDI, JEUDI, SAMEDI ET DIMANCHE DE CHAQUE SEMAINE,

DU 24 AVRIL AU 8 MAI 1887, DE 9 HEURES À 5 HEURES.

CONDITIONS DE LA VENTE.

La vente sera faite au comptant. Toutefois, les acquéreurs auront la faculté de ne se libérer que dans les quarante-huit heures de l'adjudication prononcée à leur profit, en retirant les lots; mais, dans ce cas, ils seront tenus de verser au receveur des domaines, au moment du prononcé de l'adjudication, un acompte représentant un dixième au moins du prix. Le lot vendu et non retiré sera mis sous une enveloppe portant le nom de l'acquéreur, et scellée de son cachet.

A défaut de payement dudit acompte, l'objet adjugé sera revendu sur folle enchère aux risques et périls de l'adjudicataire, qui devra supporter la différence, si le lot n'atteint pas en second lieu le prix primitif. Si, au contraire, la seconde adjudication donne un prix supérieur, la différence restera acquise au Trésor.

En outre, faute par les acquéreurs de payer intégralement, dans les quarante-huit heures de l'adjudication, les sommes dues par eux, les objets impayés seront revendus purement et simplement aux risques et périls des adjudicataires, sans qu'il soit besoin de mise en demeure préalable. Les stipulations du paragraphe précédent seront, d'ailleurs, applicables en ce qui concerne le prix des adjudications.

Il sera dû cinq centimes par franc en sus du prix de l'adjudication, pour tous frais de vente.

Aucune réclamation ne sera admise, une fois l'adjudication prononcée, l'exposition mettant le public à même de se rendre compte de l'état des objets.

Le poids des pierres et perles ornant les joyaux mis en vente sera indiqué sans garantie, comme simple renseignement.

Quant aux pierres et perles vendues isolément (pierres et perles sur papier), le poids en sera garanti.

Tous les objets portés au présent catalogue pourront être divisés au gré de l'administration seulement.

L'ordre numérique des lots catalogués pourra ne pas être suivi.

CATALOGUE

DES

DIAMANTS, PERLES ET PIERRERIES.

1

DEUX BOULES, ÉPINGLES DE COIFFURE.

Trois cent vingt-quatre brillants, cent cinquante carats.

2

DEUX GRANDS NOEUDS D'ÉPAULE.

Mille trois cent quarante et un brillants, deux cent quatre-vingt-deux carats, cinq seizièmes.

3

AIGUILLETTES ET CULOT, STYLE MARIE-ANTOINETTE.

Aiguillettes. Deux cent vingt-deux brillants, cent vingt-cinq carats, quinze trente-deuxièmes.

Culot. Cinquante-neuf brillants, dix-huit carats, neuf seizièmes.

4

TROIS ROSES DE HAIE.

Cinq cent vingt-deux brillants, cent vingt-neuf carats, onze seizièmes;

Cent trente-trois roses.

5

UN NOEUD, DEUX GLANDS.

Deux mille quatre cent trente-huit brillants, cent trente-six carats, trois quarts;

Cent quatre-vingt-seize roses.

6

UN CHATON MONTÉ D'UN BRILLANT.

7

UN CROISSANT.

Quatre-vingt-neuf brillants, quarante carats, treize seizièmes.

8

UN PENDANT DE COIFFURE.

Quatre cent soixante-dix-sept brillants, soixante-cinq carats, onze seizièmes;

Cent roses.

9
SEPT ÉTOILES.

Deux cent quinze brillants, quarante-neuf carats, treize seizièmes;
Vingt-cinq roses.

10
UN COLLIER COMPOSÉ DE QUATRE RIVIÈRES.

Deux cent vingt-deux brillants, trois cent soixante-trois carats :

Premier rang. — Trente-trois brillants, cinquante-cinq carats et demi;

Deuxième rang. — Quarante-cinq brillants, soixante-quatorze carats et demi;

Troisième rang. — Cinquante-sept brillants, quatre-vingt-seize carats et demi;

Quatrième rang. — Soixante-dix-neuf brillants, cent vingt-sept carats et demi.

Cadenas. — Huit brillants, neuf carats.

11
UNE GUIRLANDE FEUILLES DE GROSEILLIER
(SEIZE PARTIES BROCHES ET PENDENTIFS).

Deux mille trois cent quatorze brillants, cinq cent dix-sept carats, trois seizièmes;
Trois cent cinquante-trois roses.

12
UNE FLEURETTE.

Cinquante-huit brillants.

13

UN LOT DE BRILLANTS, SUR PAPIER.

14

UN LOT DE BRILLANTS, SUR PAPIER.

15

SIX BRIOLLETTES.

Dix-huit carats, un huitième.

16

PETITES ROSES.

Quarante carats.

17

PETITS BRILLANTS RECOUPÉS ET NON RECOUPÉS.

Quatre-vingt-trois carats, un trente-deuxième.

18

UNE OPALE SPÉCIMEN ENTOURÉE DE BRILLANTS.

19

UN SAPHIR ET AUTRES PIERRES DE COULEUR.

20

HUIT PERLES RONDES.

21

UN LOT DE BRILLANTS.

22

UN LOT DE BRILLANTS.

23

UN LOT DE BRILLANTS.

24

DIAMANTS SUR PAPIER.

25

BOUQUET DE CORSAGE.

Deux mille six cent trente-sept brillants, cent trente-deux carats, cinq seizièmes;

Huit cent soixante roses.

26

SIX BRILLANTS.

Un brillant, six carats, un quart;
Un brillant, sept carats, vingt-neuf trente-deuxièmes;
Un brillant, six carats, un trente-deuxième;
Un brillant, quatre carats, vingt-neuf trente-deuxièmes;
Un brillant, cinq carats, un seizième;
Un brillant, cinq carats et demi.

27

DIADÈME ÉMERAUDES ET BRILLANTS.

Mille trente et un brillants, cent soixante-seize carats:
Quarante émeraudes, soixante-dix-sept carats.

28

UNE CHAÎNE.

Trente-deux maillons: huit cent trente-trois brillants, six cent vingt et un carats, dix-neuf trente-deuxièmes.

29

BOUCLE DE CEINTURE.

Deux cent quatre-vingt-quinze brillants, cent quarante-six carats: un brillant, vingt-cinq carats.

30

DEUX BANDELETTES.

Bandelette de front. Vingt-sept brillants, cent un carats.

Bandelette de tête. Quarante et un brillants, cent vingt-quatre carats.

Petits brillants.

31

PARURES TURQUOISES ET PIERRES DE FANTAISIE.

DIADÈMES, BROCHES ET BOUCLES.

Trois mille trois cent deux brillants, quatre cent trente-quatre carats:

Deux cent quinze turquoises et pierres de fantaisie.

32

DIADÈME RUSSE.

Mille deux cents brillants, quatre cent cinq carats:

Quatre cent quarante-deux roses.

33

DIADÈME À LA GRECQUE.

Trois cent vingt-six brillants, trois cent six carats, dix-neuf trente-deuxièmes:

Deux cent quatre-vingt-six petits brillants, cinq carats.

34

UNE BERTHE.

Cinq cent quatre-vingt-un brillants, cent quatre-vingt-cinq carats, sept huitièmes:

Vingt-sept rubis, dix-huit carats, un huitième:

Quinze saphirs, onze carats, un huitième:

Trente-cinq émeraudes, vingt-cinq carats:

Vingt-neuf hyacinthes; quarante-six grenats; quarante et une turquoises; quarante-huit améthystes; deux chrysoprases; dix topazes;

Sept cent soixante-cinq roses.

35

UNE GRANDE CEINTURE EN PIERRERIES.

Trente-quatre grandes roses, deux cent deux carats;

Deux mille quatre cent quatorze brillants, trois cent treize carats, trois quarts;

Soixante-trois perles, mille cent soixante-quatre grains:

Deux rubis, vingt et un carats, un huitième;

Quatre saphirs, vingt-neuf carats, un huitième;

Huit émeraudes, quarante-neuf carats, un quart.

36

BROCHE EN DIAMANTS DE FANTAISIE.

Soixante-cinq brillants, cent neuf carats, vingt-neuf trente-deuxièmes;

La pierre principale pèse vingt-sept carats.

37

UNE PARURE OR ET MOSAÏQUES.

38

UNE PARURE SAPHIRS ET BRILLANTS.

DIADÈME, COURONNETTE, BROCHES ET BANDELETTES.

Trois mille huit cent trente-sept brillants, cinq cent soixante-huit carats, trois seizièmes;

Soixante-sept saphirs, sept cent soixante-huit carats, un quart.

39

QUATRE BROCHES, PERLES ET BRILLANTS.

Deux cent soixante-six brillants, cent soixante-six carats, onze trente-deuxièmes;

Vingt-huit perles, quatorze cent quatre-vingt-seize grains;

Cinq cent vingt roses.

40

PARURE PERLES.

Un collier	362 perles	5,808 grains.
Un collier	542	6,752
Un collier	47	698
Un collier	58	524
Un collier	58	400
Un collier. . 38 perles et 9 perles poires.		1,612
Deux bracelets		2,000
Brillants		40 carats.

Deux boutons;

Cinq plaques;

Trois fermoirs.

41

UN GRAND DIADÈME PERLES.

Mille neuf cent quatre-vingt-dix-huit brillants, soixante-quatre carats, dix-sept trente-deuxièmes;

Deux cent douze perles, deux mille quatre cent cinquante-deux grains;

Couronnette, perles et brillants:

Brillants, huit carats;

Deux cent soixante-quatorze perles, neuf cent quatre-vingt-quatre grains;

Roses, deux carats.

42

BROCHE, PERLES ET BRILLANTS.

Une grosse perle, *la Régente;*

Quatre poires de cent grains chacune;

Deux boutons perles;

Différentes perles;

Quatre gros brillants;

Brillants de différentes grosseurs, cent carats.

43

UNE BROCHE SÉVIGNÉ.

Trois cent vingt et un brillants, cent soixante-huit carats, trois seizièmes; trois brillants, trente-six carats.

44

PARURE, TOUR DE CORSAGE BRILLANTS.

Une pendeloque	16 carats.
Une pendeloque	14
Une pendeloque	14
Deux pendeloques	20
Quatre pendeloques	32
Huit pendeloques	48
Quatorze pendeloques	50
Un brillant ovale	14
Une pendeloque	12
Une pendeloque	10
Deux pendeloques	16
Deux pendeloques	7
Pendeloques	150
Différents brillants	288 15/32.

45

PARURE RUBIS ET BRILLANTS.

Bracelet, diadèmes, boules, plaques, bout de ceinture, petite rosace, grand collier, petit collier, couronnette, ceinture.

Six mille quarante-deux brillants, sept cent quatre-vingt-treize carats, quatorze trente-deuxièmes;

Trois cent quatre-vingt-dix-neuf rubis, quatre cent dix carats.

46

LES MAZARINS.

Poire rosée, vingt-quatre carats, vingt-sept trente-deuxièmes;
Une poire blanche, vingt-deux carats, un quart;
Un gros brillant carré étendu, vingt-huit carats, sept seizièmes;
Un brillant carré, dix-huit carats, dix-neuf trente-deuxièmes;
Un brillant, coins arrondis, vingt-cinq carats, cinq huitièmes;
Un brillant oblong, seize carats, neuf seizièmes;
Un brillant ovale, dix-huit carats, un trente-deuxième.

47

UN PEIGNE.

Deux cent huit brillants, quatre cent trente-huit carats et demi.

48

PIERRES PRÉCIEUSES ET PERLES DIVERSES.

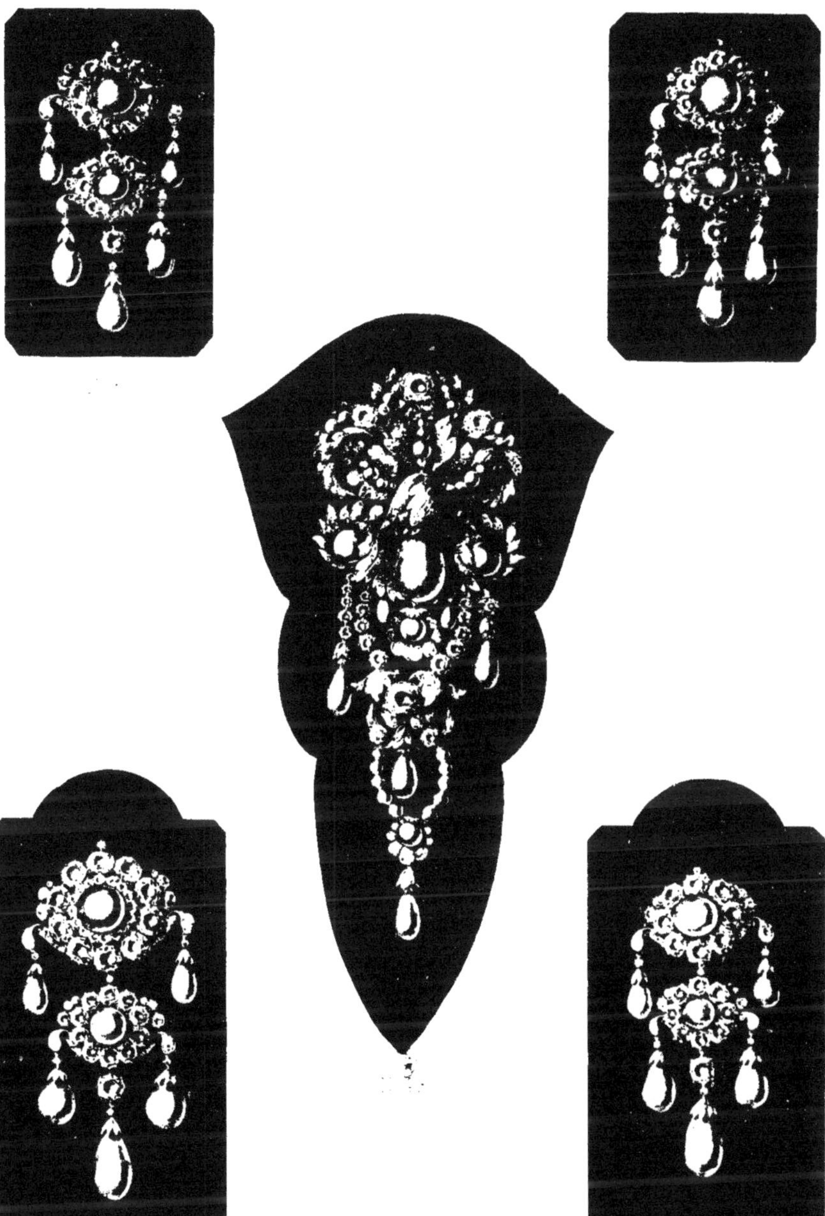

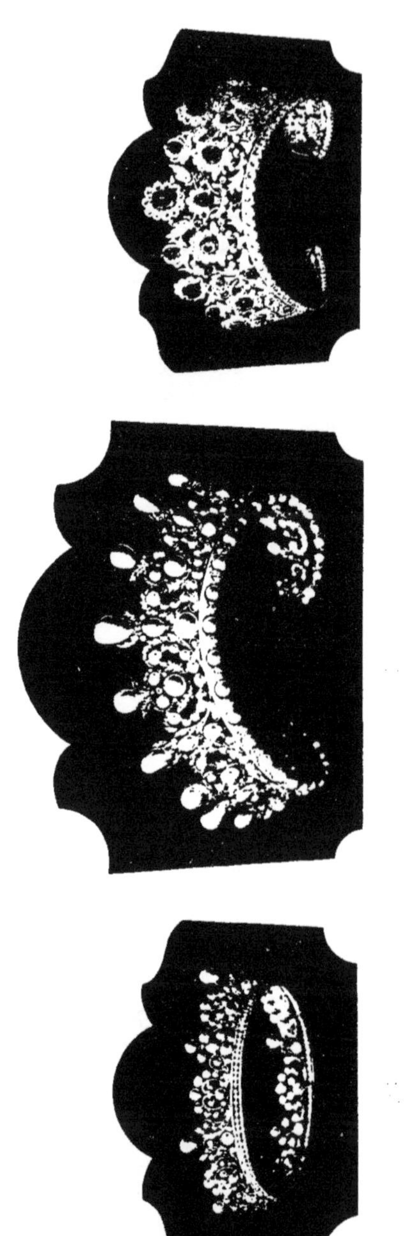

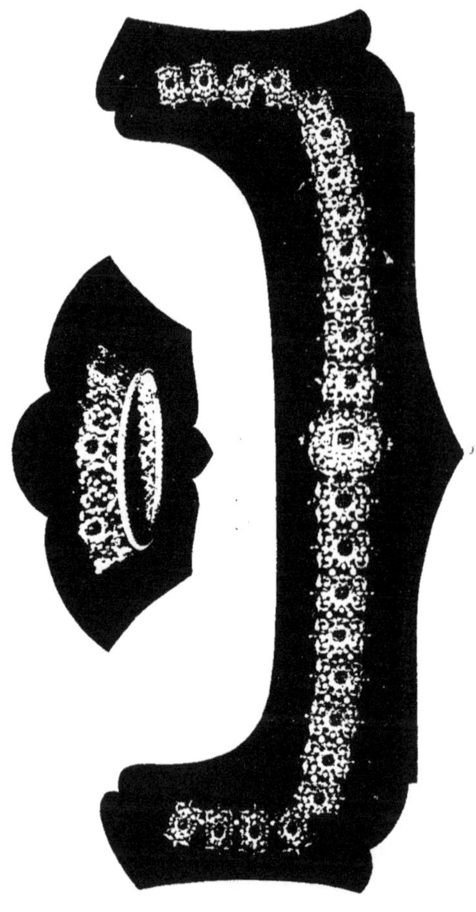

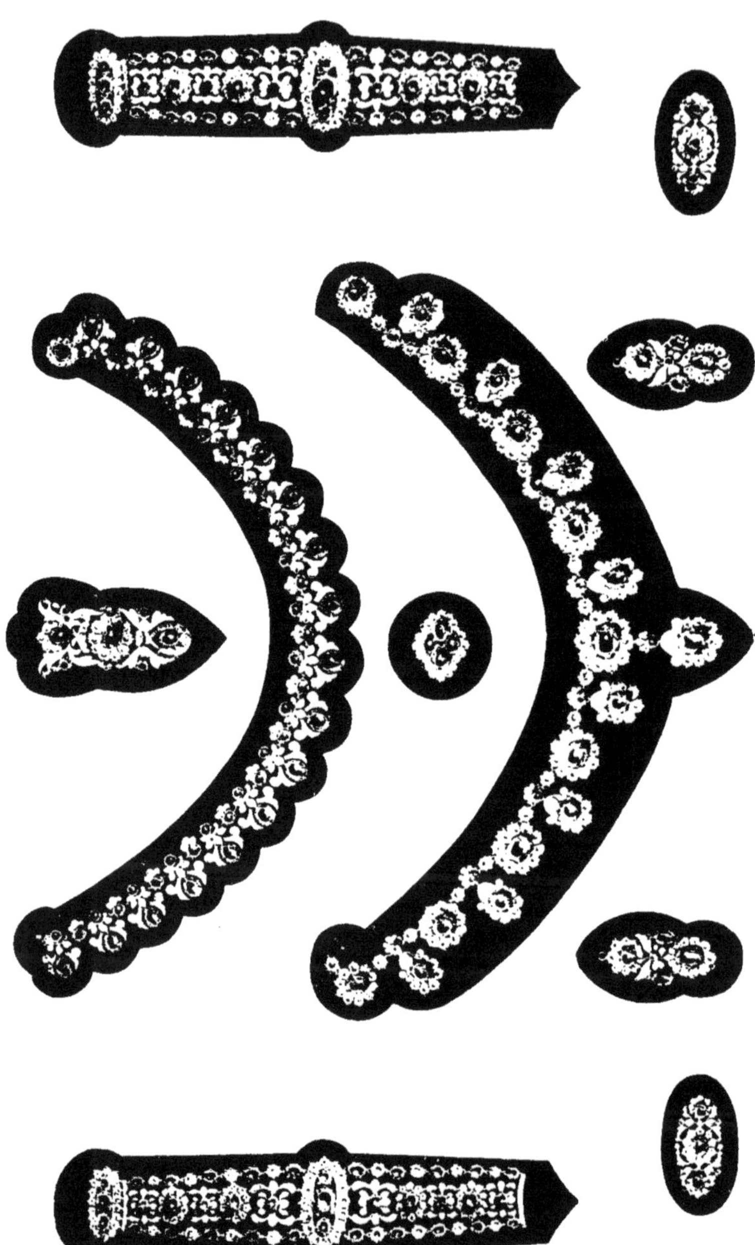

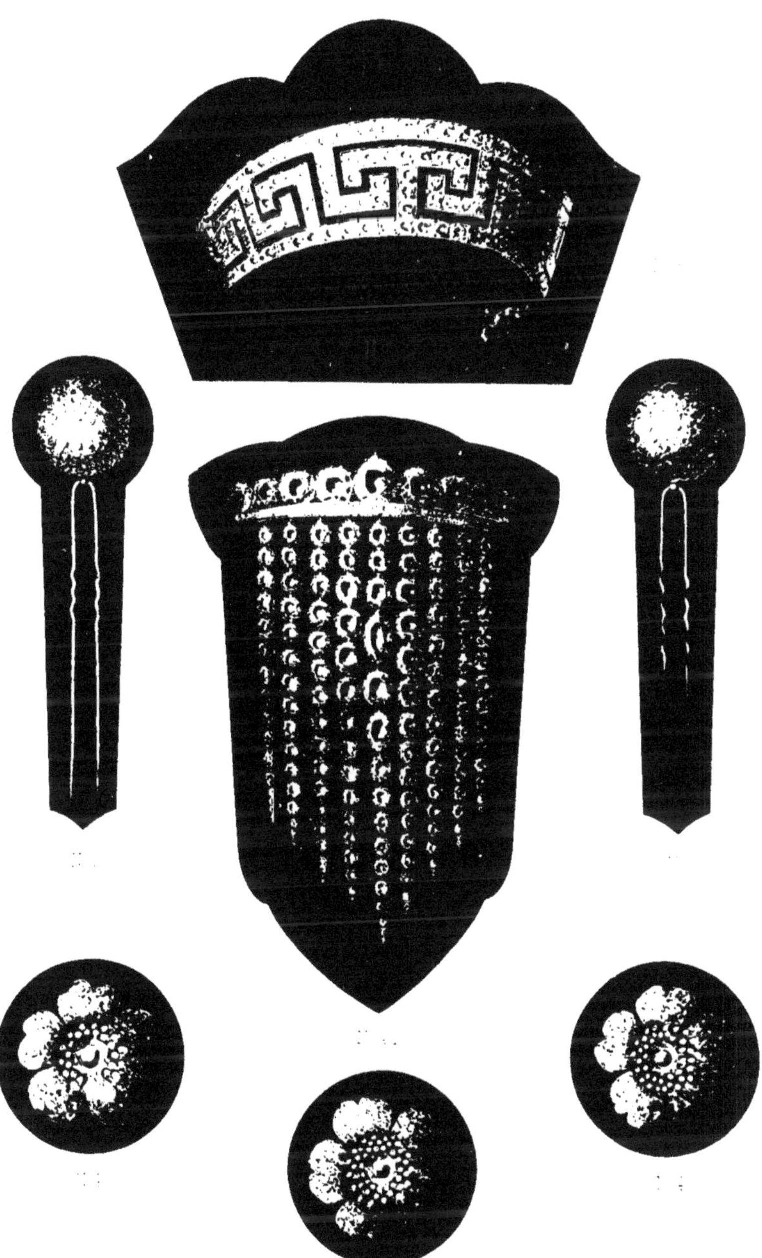

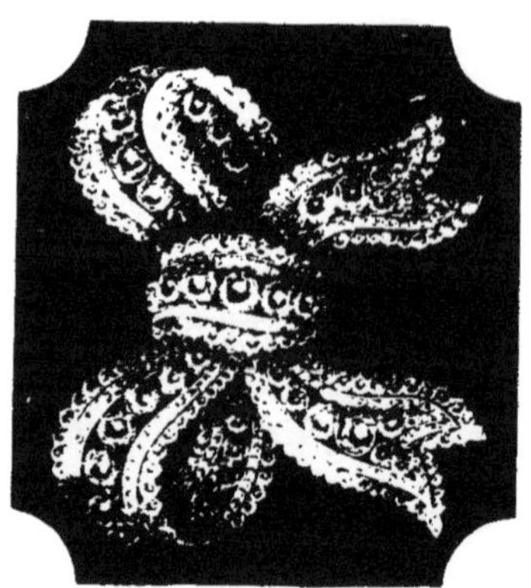

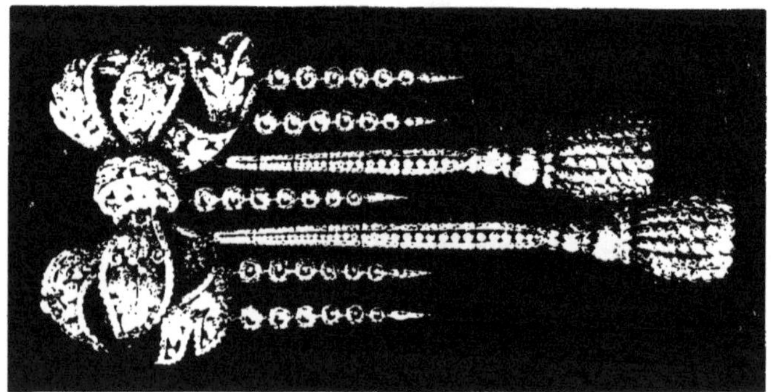

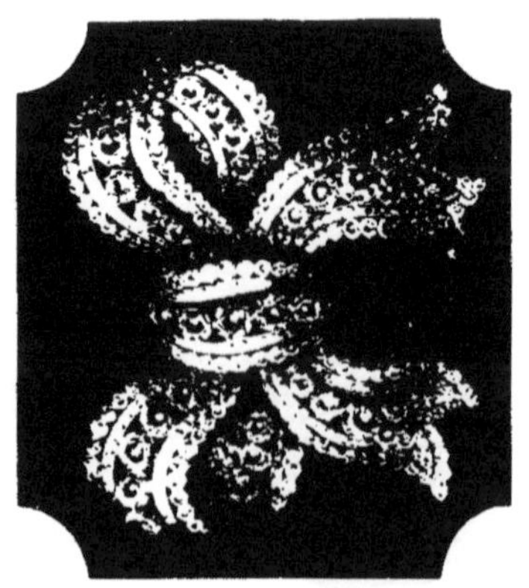

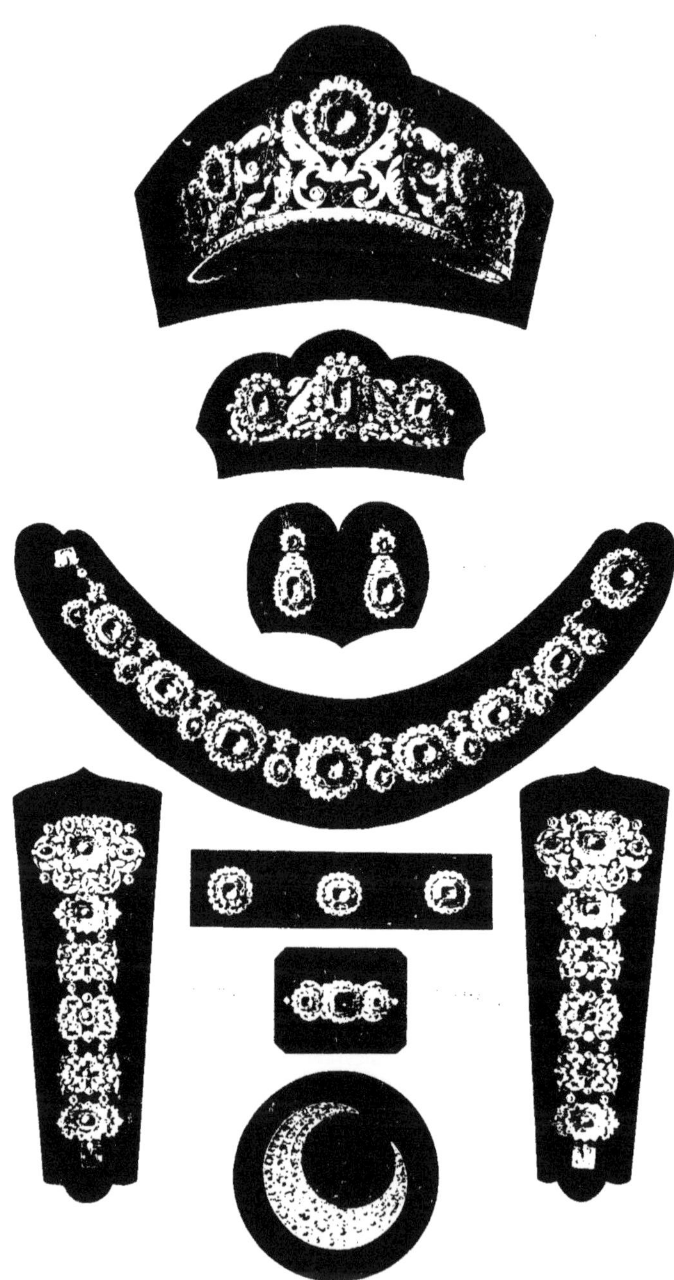

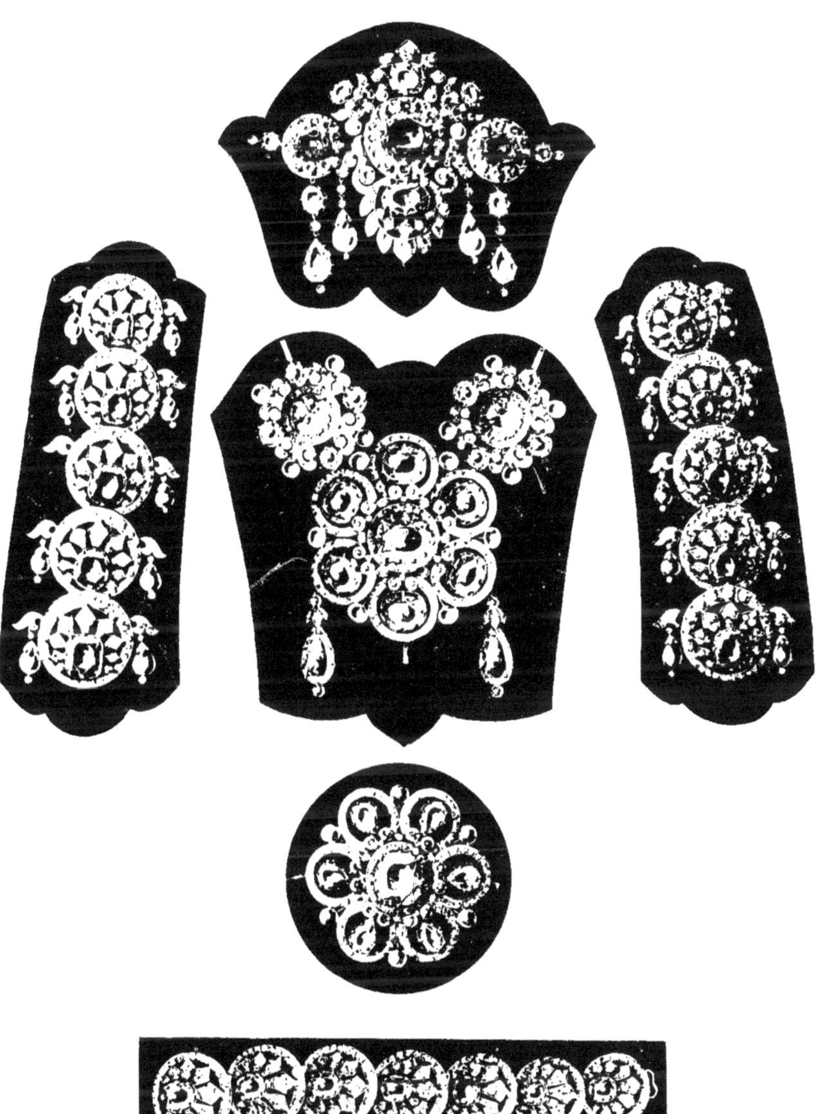

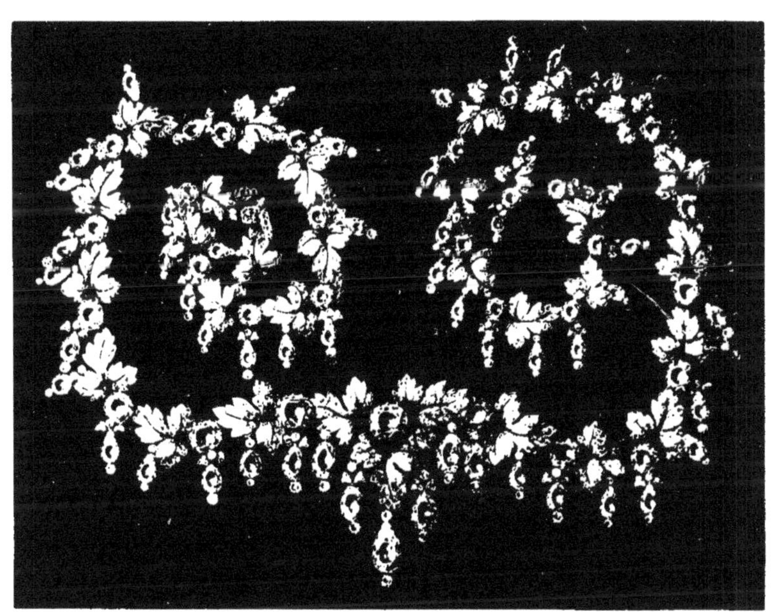

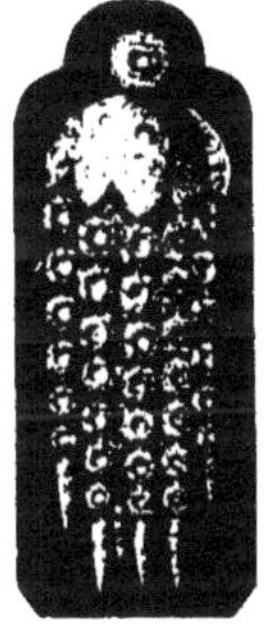

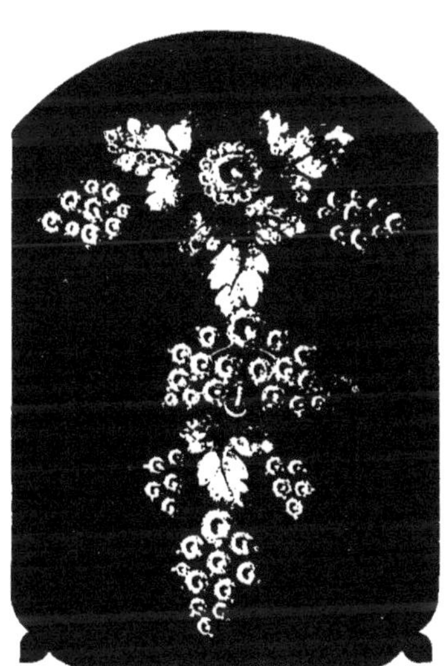

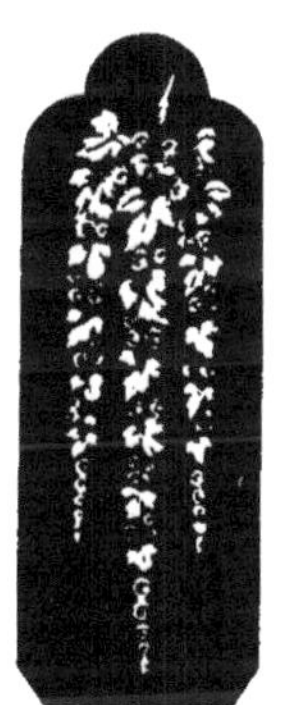

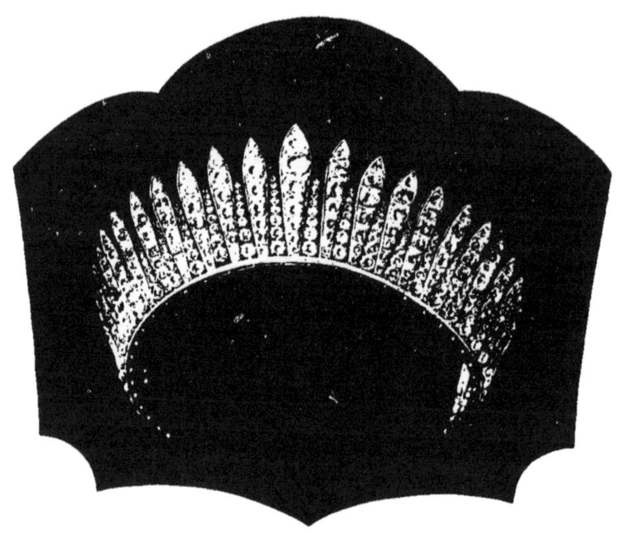
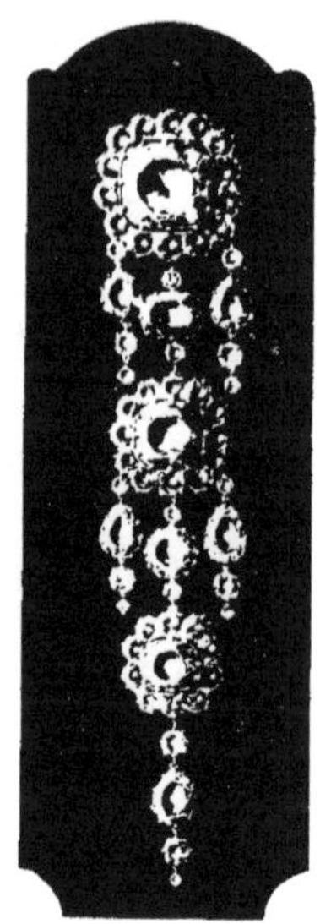
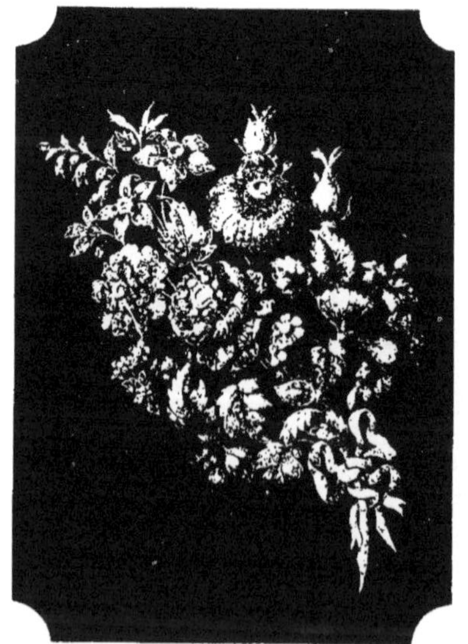
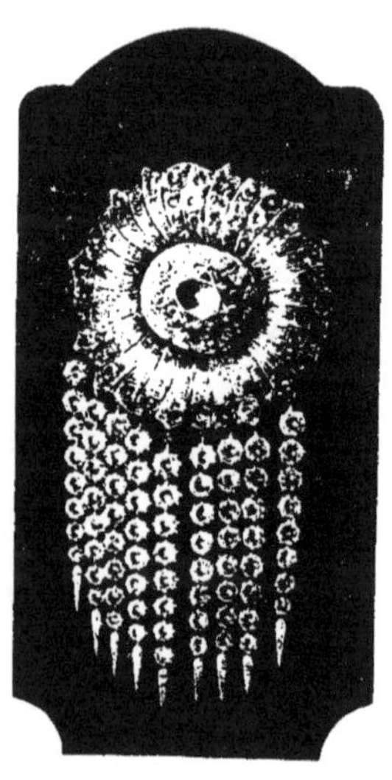

www.ingramcontent.com/pod-product-compliance
Ingram Content Group UK Ltd.
Pitfield, Milton Keynes, MK11 3LW, UK
UKHW022137260726
13993UKWH00005B/2003

9 782329 551111